Five Little Ducks
アクティビティブック

できたね！シール

よびシール

じぶんのすきな
できたね！シールを
つくろう

Five Little Ducks
アクティビティブック
• Activity Book •

Written by
Patricia Daly Oe
Mari Nakamura

············· **はじめに** ·············

遊びに出かけた5羽のアヒルが帰ってこなくなりました。心配したお母さんアヒルは子どもたちを探しに行きます。お母さんアヒルは子どもたちを見つけることができるでしょうか？ 暖かみのあるイラストで英語のリズムを練習したり、数を学んだりできます。さらに、いろいろなアクティビティを通して、新しい動物や自然の言葉などを学びましょう。

Five little ducks went out and one by one did not come back. Will sad mother duck find her babies? Enjoy the book's beautiful art and the story's fun repetition. Learn words for animals, things in nature, and numbers, and enjoy the creative activities in this activity book.

もくじ Table of contents

ことばをまなぼう

えじてん ……………… 4
Picture dictionary
絵本に出てくる単語を練習します。

シールをはろう ……………… 6
Fun with stickers
同じものを探してシールを貼ります。

さがそう ……………… 7
Search for the pictures
イラストを見て、絵を探します。

なぞろう ……………… 8
Trace pictures and letters
絵本に出てくることばの文字と絵をなぞります。

せんでむすぼう ……………… 9
Connect with lines
絵と英語を線で結びます。

あたらしいことばをおぼえよう ……………… 10
Learn more words
シールを貼って、新しいことばに親しみます。

かんがえよう

なにかな? ……………… 12
What is it?
色を塗り、かくれている絵を探します。

めいろにチャレンジ ……………… 13
Have fun with a maze
迷路を楽しみます。

なかまをさがそう ……………… 14
Put into groups
仲間分けをして絵を描きます。

よくみてかこう ……………… 16
Look around you
身の回りを観察して、絵を描きます。

つくろう

ぬりえをしよう ……………… 17
Enjoy coloring
好きな色で塗り絵をします。

つくろう ……………… 18
Create your own picture
切って貼って、オリジナルの絵を作ります。

あそぼう

ごっこあそびをしよう ……………… 21
Role-playing
想像力をはたらかせて会話を楽しみます。

ボードゲームをしよう ……………… 22
Play a board game
ボードゲームをみんなで楽しみます。

カード ……………… 25
Cards
ゲームに使うカードやこま、サイコロ、絵カード

シール
Stickers
6ページ、10ページ、11ページ用のシールとできたね!シール

アクティビティブックについて

このアクティビティブックは
絵本 **Five Little Ducks**（別売り）に対応しています。
アクティブ・ラーニングの概念に沿った「学ぶ」「考える」「創作する」「遊ぶ」の
4つのカテゴリーで英語力と思考力、クリエイティビティ、協調性を育みます。

This activity book is based on the picture book "Five Little Ducks". The activities in the four active learning categories of "learning", "thinking", "creating" and "playing" foster abilities in English language, thinking, creativity and collaboration through observation, word puzzles, chants, stickers, simple crafts and games.

ことばをまなぼう Let's Learn

絵本に出てくる単語や関連する新しいことばをチャンツ、シール貼り、線結びなどを通して学びます。ここで楽しく身につけた語彙力が次からの活動の基礎となります。

かんがえよう Let's Think

仲間分けや身近な場所、身の回りを観察するアクティビティを通して思考力を養います。答えが決まっていない活動は、子どもの自主性や自由な発想も養います。

つくろう Let's Create

色塗りやシンプルな工作に取り組み、出来上がったものを英語で表現します。その過程で子どもは、創意工夫する喜びや表現する楽しさを経験し、創造力を身につけていきます。

あそぼう Let's Play

ごっこあそびやボードゲームを通して、想像力や協調性を養います。また、これまでに習った英語を遊びを通して使うことにより「英語ができる!」という自信を育みます。

アクティビティブックの効果的な使い方

1. まず、対応の絵本、DVDでストーリーを楽しみましょう。そのあとにこのアクティビティブックに取り組むと、学習効果がアップします。

2. アクティビティは、一度にたくさん進めるよりも、少しずつ楽しみながら取り組んでいきましょう。上手にできたら できたね! シール を貼って、ほめてあげましょう。

3. このアクティビティブックの4〜5ページ、10〜11ページのチャンツはアプリで聴けますので、繰り返し聞いて英語の音やリズムを体で覚えていきましょう。（アプリの使い方は、24ページをご覧ください。）

指導者の方へ
教室では、一人一人の個性的な表現を尊重し、違いを認め合う雰囲気で活動を進めましょう。生徒が絵や作品について日本語で話した時は、それを英語に直して語りかけたり、その英語をリピートするように促したりして、英語を話せるように導きます。

保護者の方へ
絵本の世界を味わいながら、ゆったりとした気分で進めていきましょう。この本には、子どもの自由な表現を促す、答えが決まっていない活動も多く含まれています。 **取り組みのヒント** を参考に、子どもと一緒に伸び伸びと英語の探索を楽しみましょう。

えじてん
Picture dictionary

チャンツのリズムにのって、たんごをいいましょう。
Chant the words.

えじてんのえカード (p.27-29) であそびましょう。
Play with the picture cards on pages twenty-seven to twenty-nine.

♪ スマートフォンをかざして
チャンツをききましょう
Listen to the chant with a smart phone.

できたね！
シール
sticker

① one 1
② two 2
③ three 3
④ four 4
⑤ five 5
⑥ little
⑦ duck
⑧ ducks
⑨ over
⑩ hill
⑪ far away

ことばをまなぼう **Let's Learn**

12 mother

13 quack

15 came back

14 went out

16 sad

Learning Tips 取り組みのヒント

チャンツを聴き、絵を指さしながら単語をリピートしましょう。音声を再生できない場合には、単語を読んであげてください。アクティビティをする前にチャンツの練習をすると、楽しみながら身につけることができます。また、27〜29ページの絵カードを使って仲間探しをしたり、裏返して「○○○カードはどれでしょう」とクイズをしたり、メモリーゲームをしたり、いろいろなアクティビティを楽しめます。

Children listen to the chant, look for the pictures and repeat the words. If you cannot listen to the audio, please read the words to the children. Learning will be fun if you repeat the chant each time before doing the activities. By using the picture cards on pages 27 to 29, you can enjoy activities like memory games and quizzes. (For example, pick up the card with the word ○○○.)

シールをはろう
Fun with stickers

おなじかずのアヒルのシールをさがしてはりましょう。
Find and place the stickers.

できたね！
シール
sticker

5 → sticker

1 → sticker

2 → sticker

4 → sticker

取り組みのヒント **Learning Tips**

シールを貼る時には、一緒に英語を言ってみましょう。
Say the words together as children put the stickers in place.

ことばをまなぼう **Let's Learn**

さがそう
Search for the pictures

アヒルたちはどこにかくれているかな？
えをよくみて、アヒルたちをさがして □ にかずをかきましょう。

Where are the little ducks?
Find the ducks in the picture. How many ducks are there?
Write the number in the □.

できたね！
シール
sticker

取り組みのヒント Learning Tips

絵をよく見て、アヒルたちが何羽かくれているか □ に数を書きましょう。
Children look carefully at the picture, find all the ducks that are hiding, and write the total number in the □.

7

なぞろう
Trace pictures and letters

えいごをいってなぞりましょう。
Say the words and trace.

なぞる

できたね！
シール
sticker

sad

hill

duck

取り組みのヒント Learning Tips

なぞる前となぞった後に、英語を言ってみましょう。
Say the words in English before and after tracing them.

ことばをまなぼう Let's Learn

せんでむすぼう
Connect with lines

えとえいごをせんでむすびましょう。
Connect the picture with the word.

✏️ なぞる

できたね！
シール
sticker

取り組みのヒント Learning Tips

英語を読めない子どもには、読んであげましょう。
Please read the words to children who cannot read.

あたらしいことばを おぼえよう
Learn more words

あたらしいことばの
スマートフォンをかざして
チャンツをききましょう
Listen to the chant with a smart phone.

できたね！
シール
sticker

ほかにどんなことばがあるかな？
シールをはって、えカード（p.27-31）であそびましょう。
Find and place the stickers. Play a game with the picture cards on pages twenty-seven to thirty-one.

1

duck　　　monkey　　　lion

2

quack　　　meow　　　roar

3

hill　　　tree　　　pond

ことばをまなぼう **Let's Learn**

④

mother　　father　　child

⑤

sad　　happy　　angry

⑥

It's sunny.　It's rainy.　It's cloudy.

取り組みのヒント **Learning Tips**

絵本に出てこない身近なことばを練習してみましょう。それぞれどんな仲間でしょうか。新しい単語はチャンツで聴くことができます。27〜31ページに絵カードがありますので、一人が単語を言って、もう一人がカードを取るような遊びをしてみましょう。

Let's practice some other words related to the words in the story. How are they connected? You can listen to the chants for pronunciation. You can use the picture cards on pages 27 to 31 to play a simple game where one person says a word and the other person finds the matching card.

なにかな？
What is it?

A に みどり、B に ちゃいろ、C に ピンク をぬりましょう。
きのうしろにはなにがかくれているかな？

A＝green　B＝brown　C＝pink

What's hiding behind the tree?

A＝green　B＝brown　C＝pink

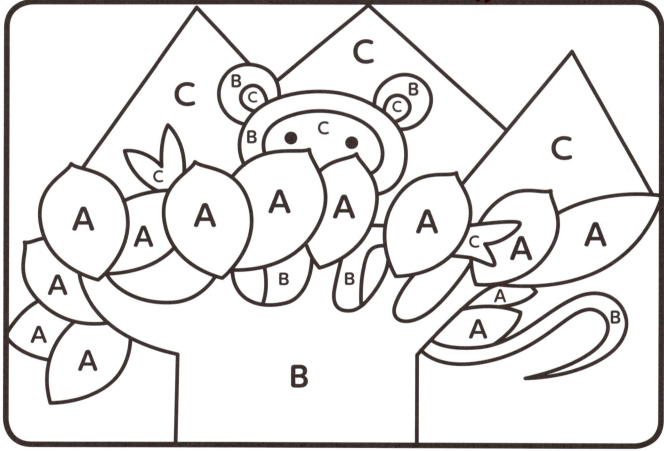

取り組みのヒント Learning Tips

指示通りに色を塗ると絵が出てきます。絵が出てきたら一緒に英語を言ってみましょう。

When the parts of the picture are colored in as indicated, a picture is revealed. Say what it is together.

できたね！シール sticker

かんがえよう Let's Think

めいろにチャレンジ
Have fun with a maze

まいごになっている5わのアヒルたちは、どのみちをとおったら、おかあさんのところにかえれるかな？とおりみちにせんをひきましょう。
Help the five little ducks find mother duck.

できたね！シール
sticker

取り組みのヒント Learning Tips

迷路に慣れていない場合は、まず指でなぞってから、線を描くように声かけをしましょう。
Children who are not used to mazes should track the way with their finger first. After that, tell them to draw the line.

なかまをさがそう
Put into groups

えをゆびさしてえいごをいってみましょう。
Point and say the words.

じょうずにいえたら、どうぶつのことばときもちのことばにわけて
みぎのページにえをかきましょう。
Draw the pictures on the next page.

duck

sad

lion

happy

angry

monkey

かんがえよう **Let's Think**

● どうぶつ
Animals

えをかくときは、ひだりのページとおなじじゃなくてもいいよ！じゆうにかいてね！

できたね！シール
sticker

● きもち
Feelings

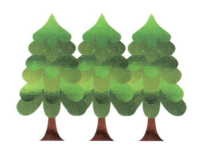

取り組みのヒント Learning Tips

論理的思考を養うアクティビティです。絵は左のページと違っても構いません。子どもの自由な表現を尊重しましょう。

This is an activity in logical thinking. It doesn't matter if the picture differs from page 14. It is important to respect the child's free expression.

15

よくみてかこう
Look around you

きょうはどんなおてんきかな？
えをかきましょう。
What's the weather like today? Draw the weather.

できたね！
シール
sticker

取り組みのヒント Learning Tips

観察力を高めるアクティビティです。今日はどのようなお天気でしょうか。一緒に空を見て、お天気のお絵かきをしましょう。

This activity enhances observation skills. What's the weather like today? Look up at the sky together and enjoy drawing pictures of the weather.

つくろう **Let's Create**

ぬりえをしよう
Enjoy coloring

すきないろでぬりましょう。
Color the picture.

できたね！
シール
sticker

 取り組みのヒント Learning Tips　色を塗ったら、英語で言えるものを一緒に探して言ってみましょう。
After children have colored in the picture, search for words together that they can say in English.

17

つくろう
Create your own picture

どんなえができるかな？ きってはりましょう。
What scene can you make with the pictures?
Cut and paste.

できたね！
シール
sticker

取り組みのヒント Learning Tips

19ページの絵を切り離して、このページに並べて貼って、自分の好きな場面を作りましょう。英語で言えるものがあれば、一緒に英語を言ってみましょう。

After cutting out the items on page 19, have children make their own pictures by arranging the items on this page. If they can say the words for the items in English, say the words together.

8 cut きる

つくろう **Let's Create**

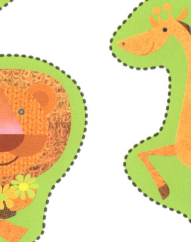

あそぼう **Let's Play**

ごっこあそびをしよう
Role-playing

えをみてまねをしましょう。
Look at the pictures and practice.

できたね！
シール
sticker

取り組みのヒント Learning Tips

上の絵を指さして、子どもに How do you feel? と聞いてみましょう。アクティビティブックに出てきた気持ち happy、sad、angry を身近な場面で使ってみましょう。生活の中で自分の気持ちを言えるといいですね。

While pointing at the pictures above, ask the child "How do you feel?" Use the words for emotions that have appeared in the activity book (happy, sad, angry) in everyday situation. The aim is to express emotions in daily life.

ボードゲームをしよう
Play a board game

アヒルをあつめよう
Collecting ducks.

アヒルのおかあさんが5わのアヒルをさがしにいくすごろくゲームです。
・じゅんばんにサイコロをふって、サイコロのかずだけすすみます。
・アヒルのえのマスにとまったら、"One little duck came back." といって、アヒルのカードを1まいもらいます。アヒルのカードは、とまったマスのえとちがってもかまいませんし、おなじアヒルのカードを2まいいじょうあつめてもかまいません。
・アヒルのえのマスに2かいめいこうにとまったら、"Two / Three / Four / Five little ducks came back." と＿＿のかずをいれかえていって、アヒルのカードを1まいもらいます。
・アヒルのえいがいのマスにとまったら、そのえをえいごでいいます。
・いちばんはやくアヒルのカードを5まいあつめたひとがかちです！

コースは**なんかい**でもまわれるよ!!

あそぼう **Let's Play**

- Roll the dice in turn. Go forward the number of spaces shown on the dice.
- When you land on a space with a little duck on it, say "<u>One</u> little <u>duck</u> came back." and get a little duck card. You can choose any little duck card, not just the one that is the same as the picture on the space you land on. You can collect more than one of the same little duck cards if you want to.
- When you land on a little duck space a second, third, fourth or fifth time, say "<u>Two/Three/Four/Five</u> little <u>ducks</u> came back." and get one little duck card each time.
- When you land on a space with a picture that is not a duck, say the word in English.
- Keep going around the board. The winner is the person who gets five little ducks the fastest!

アプリの使い方

「スマートフォンをかざしてチャンツをききましょう」「あたらしいことばのスマートフォンをかざしてチャンツをききましょう」のページ（p.4-5、10-11）では、英語の音声を聴くことができます。
以下の方法で、お手持ちのスマートフォンやタブレットにアプリ（無料）をダウンロードしてご使用ください。

アプリダウンロード方法

オトキコ

お持ちのスマートフォンやタブレットで下記のQRコードを読み込んでください。
※QRコードリーダーをインストールされている方

iphone、iPadをお使いの方	Android端末をお使いの方

または

AppStore／Googleplayで検索の枠に
『mpi オトキコ』と入力して検索をしてください。

※ iphone、iPad、AppStore、MacOSは、米国およびその他の国々で登録されたApple Inc.の商標または登録商標です。
※ Android、Googleplayは、Google Inc.の商標または登録商標です。

● 著者紹介

Patricia Daly Oe（大江 パトリシア）

イギリス、ケント州出身。日本の英語教育に従事するかたわら、数多くの紙芝居と絵本を創作。著書に『Peter the Lonely Pineapple』『Blue Mouse, Yellow Mouse』『Lily and the Moon』などがある。英会話を教えていて、英語の先生のためのワークショップを開催しながら、ナレーションの活動や子供のイベントなどもしている。
Patricia Daly Oe is a British picture book author and teacher who also enjoys giving presentations, and holding events for children.
公式ホームページ ● http://www.patricia-oe.com

中村 麻里

金沢市にて英会話教室イングリッシュ・スクエアを主宰。幼児から高校生の英語指導にあたるかたわら英語教材、絵本の執筆、全国での講演にたずさわり、主体性や表現力など21世紀型スキルを伸ばす指導法の普及につとめている。イギリス・アストン大学TEYL（Teaching English to Young Learners）学科修士課程修了。2013年JALT学会 Best of JALT（ベスト・プレゼンター賞）受賞。
Mari Nakamura is a school owner, teacher trainer and ELT materials writer who loves good stories and playing with children.
公式ホームページ ● http://www.crossroad.jp/es/

Five Little Ducks
アクティビティブック

発行日　2017年9月27日　　初版第1刷
　　　　2022年8月18日　　　第3刷

執　　筆	Patricia Daly Oe / Mari Nakamura
イラスト	イケベ ヨシアキ
デザイン	柿沼 みさと、島田 絵里子
協　　力	mpi English School 本部校
英文校正	Glenn McDougall
編　　集	株式会社 カルチャー・プロ
音　　楽	株式会社 Jailhouse Music
プロデュース	橋本 寛
録　　音	株式会社 パワーハウス
ナレーション	Rumiko Varnes
印　　刷	シナノ印刷株式会社
発　　行	株式会社 mpi 松香フォニックス

〒151-0053
東京都渋谷区代々木2-16-2第二甲田ビル2F
fax 03-5302-1652
URL　https://www.mpi-j.co.jp

不許複製　All rights reserved.
©2017 mpi Matsuka Phonics inc.
ISBN978-4-89643-687-7

[22〜23ページ ボードゲーム] アヒルのおかあさんのこまやアヒルたちのカード、サイコロをきりはなしましょう。

● カード cards

● こま markers

● サイコロ dice

- - - - ✂ cut きる
　　　　glue のり
　　　　fold やまおり

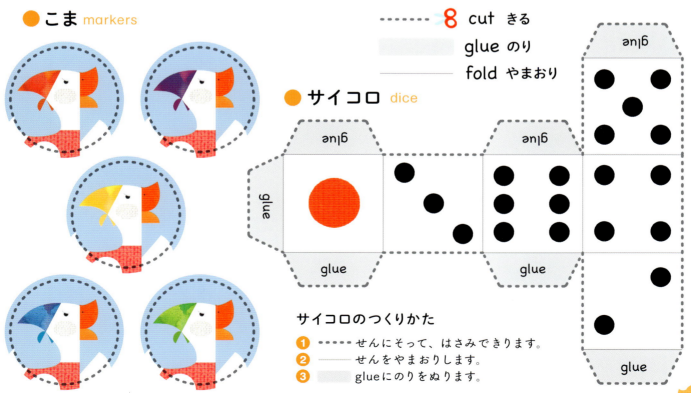

サイコロのつくりかた
1. - - - - せんにそって、はさみできります。
2. ーーー せんをやまおりします。
3. 　　　 glueにのりをぬります。

e Ducks Five Little Ducks Five Little Ducks Five Little Ducks
e Little Ducks Five Little Ducks Five Little Ducks Five Little D
s Five Little Ducks Five Little Ducks Five Little Ducks Five L
e Ducks Five Little Ducks Five Little Ducks Five Little Ducks
e Little Ducks Five Little Ducks Five Little Ducks Five Little D
s Five Little Ducks Five Little Ducks Five Little Ducks Five L
e Ducks Five Little Ducks Five Little Ducks Five Little Ducks
e Little Ducks Five Little Ducks Five Little Ducks Five Little D
s Five Little Ducks Five Little Ducks Five Little Ducks Five L
e Ducks Five Little Ducks Five Little Ducks Five Little Ducks
e Little Ducks Five Little Ducks Five Little Ducks Five Little D
s Five Little Ducks Five Little Ducks Five Little Ducks Five L
e Ducks Five Little Ducks Five Little Ducks Five Little Ducks
e Little Ducks Five Little Ducks Five Little Ducks Five Little D
s Five Little Ducks Five Little Ducks Five Little Ducks Five L
e Ducks Five Little Ducks Five Little Ducks Five Little Ducks
e Little Ducks Five Little Ducks Five Little Ducks Five Little D
s Five Little Ducks Five Little Ducks Five Little Ducks Five L
e Ducks Five Little Ducks Five Little Ducks Five Little Ducks
e Little Ducks Five Little Ducks Five Little Ducks Five Little D
s Five Little Ducks Five Little Ducks Five Little Ducks Five L
e Ducks Five Little Ducks Five Little Ducks Five Little Ducks
e Little Ducks Five Little Ducks Five Little Ducks Five Little D
s Five Little Ducks Five Little Ducks Five Little Ducks Five L
e Ducks Five Little Ducks Five Little Ducks Five Little Ducks
e Little Ducks Five Little Ducks Five Little Ducks Five Little D
s Five Little Ducks Five Little Ducks Five Little Ducks Five L
e Ducks Five Little Ducks Five Little Ducks Five Little Ducks
e Little Ducks Five Little Ducks Five Little Ducks Five Little D
s Five Little Ducks Five Little Ducks Five Little Ducks Five L
e Ducks Five Little Ducks Five Little Ducks Five Little Ducks
e Little Ducks Five Little Ducks Five Little Ducks Five Little D
s Five Little Ducks Five Little Ducks Five Little Ducks Five L
e Ducks Five Little Ducks Five Little Ducks Five Little Ducks
e Little Ducks Five Little Ducks Five Little Ducks Five Little D
s Five Little Ducks Five Little Ducks Five Little Ducks Five L
e Ducks Five Little Ducks Five Little Ducks Five Little Ducks
e Little Ducks Five Little Ducks Five Little Ducks Five Little D
s Five Little Ducks Five Little Ducks Five Little Ducks Five L
e Ducks Five Little Ducks Five Little Ducks Five Little Ducks
e Little Ducks Five Little Ducks Five Little Ducks Five Little D
s Five Little Ducks Five Little Ducks Five Little Ducks Five L
e Ducks Five Little Ducks Five Little Ducks Five Little Ducks
e Little Ducks Five Little Ducks Five Little Ducks Five Little D
s Five Little Ducks Five Little Ducks Five Little Ducks Five L
e Ducks Five Little Ducks Five Little Ducks Five Little Ducks
e Little Ducks Five Little Ducks Five Little Ducks Five Little D
s Five Little Ducks Five Little Ducks Five Little Ducks Five L
e Ducks Five Little Ducks Five Little Ducks Five Little Ducks
e Little Ducks Five Little Ducks Five Little Ducks Five Little D
s Five Little Ducks Five Little Ducks Five Little Ducks Five L

［4〜5/10〜11ページ　えカード］
ごうけい30まい（よび1まい）

Picture cards for pages 4-5 and 10-11
30 cards (with 1 extra)

✂ cut きる

one	two	three
1	2	3

four	five	little
4	5	

duck	ducks	over

hill 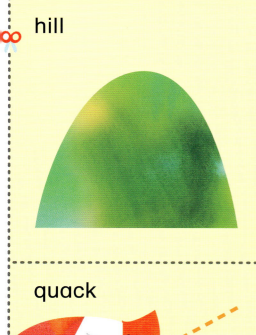	far away 	mother 
quack 	went out 	came back 
sad 	monkey 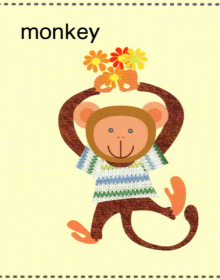	lion 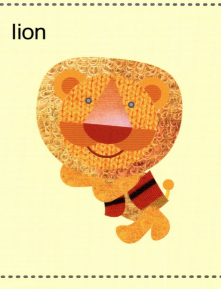
meow 	roar 	tree 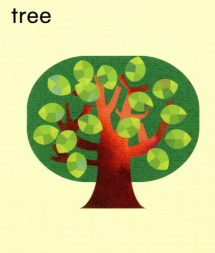

e Ducks Five Little Ducks Five Little Ducks Five Little Ducks
e Little Ducks Five Little Ducks Five Little Ducks Five Little D
s Five Little Ducks Five Little Ducks Five Little Ducks Five L
e Ducks Five Little Ducks Five Little Ducks Five Little Ducks
e Little Ducks Five Little Ducks Five Little Ducks Five Little D
s Five Little Ducks Five Little Ducks Five Little Ducks Five L
e Ducks Five Little Ducks Five Little Ducks Five Little Ducks
e Little Ducks Five Little Ducks Five Little Ducks Five Little D
s Five Little Ducks Five Little Ducks Five Little Ducks Five L
e Ducks Five Little Ducks Five Little Ducks Five Little Ducks
e Little Ducks Five Little Ducks Five Little Ducks Five Little D
s Five Little Ducks Five Little Ducks Five Little Ducks Five L
e Ducks Five Little Ducks Five Little Ducks Five Little Ducks
e Little Ducks Five Little Ducks Five Little Ducks Five Little D
s Five Little Ducks Five Little Ducks Five Little Ducks Five L
e Ducks Five Little Ducks Five Little Ducks Five Little Ducks
e Little Ducks Five Little Ducks Five Little Ducks Five Little D
s Five Little Ducks Five Little Ducks Five Little Ducks Five L
e Ducks Five Little Ducks Five Little Ducks Five Little Ducks
e Little Ducks Five Little Ducks Five Little Ducks Five Little D
s Five Little Ducks Five Little Ducks Five Little Ducks Five L
e Ducks Five Little Ducks Five Little Ducks Five Little Ducks
e Little Ducks Five Little Ducks Five Little Ducks Five Little D
s Five Little Ducks Five Little Ducks Five Little Ducks Five L
e Ducks Five Little Ducks Five Little Ducks Five Little Ducks
e Little Ducks Five Little Ducks Five Little Ducks Five Little D
s Five Little Ducks Five Little Ducks Five Little Ducks Five L
e Ducks Five Little Ducks Five Little Ducks Five Little Ducks
e Little Ducks Five Little Ducks Five Little Ducks Five Little D
s Five Little Ducks Five Little Ducks Five Little Ducks Five L
e Ducks Five Little Ducks Five Little Ducks Five Little Ducks
e Little Ducks Five Little Ducks Five Little Ducks Five Little D
s Five Little Ducks Five Little Ducks Five Little Ducks Five L
e Ducks Five Little Ducks Five Little Ducks Five Little Ducks
e Little Ducks Five Little Ducks Five Little Ducks Five Little D
s Five Little Ducks Five Little Ducks Five Little Ducks Five L
e Ducks Five Little Ducks Five Little Ducks Five Little Ducks
e Little Ducks Five Little Ducks Five Little Ducks Five Little D
s Five Little Ducks Five Little Ducks Five Little Ducks Five L
e Ducks Five Little Ducks Five Little Ducks Five Little Ducks
e Little Ducks Five Little Ducks Five Little Ducks Five Little D
s Five Little Ducks Five Little Ducks Five Little Ducks Five L
e Ducks Five Little Ducks Five Little Ducks Five Little Ducks
e Little Ducks Five Little Ducks Five Little Ducks Five Little D
s Five Little Ducks Five Little Ducks Five Little Ducks Five L
e Ducks Five Little Ducks Five Little Ducks Five Little Ducks
e Little Ducks Five Little Ducks Five Little Ducks Five Little D
s Five Little Ducks Five Little Ducks Five Little Ducks Five L
e Ducks Five Little Ducks Five Little Ducks Five Little Ducks
e Little Ducks Five Little Ducks Five Little Ducks Five Little D
s Five Little Ducks Five Little Ducks Five Little Ducks Five L
e Ducks Five Little Ducks Five Little Ducks Five Little Ducks
e Little Ducks Five Little Ducks Five Little Ducks Five Little D
s Five Little Ducks Five Little Ducks Five Little Ducks Five L

『Five Little Ducks』

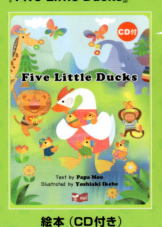
絵本（CD付き）

この絵本とDVDに対応しています

DVD

ISBN978-4-89643-687-7
C8082 ¥990E

本体価格 990 円
税込価格 1,089 円
mpi 松香フォニックス

アクティブ・ラーニングの概念に沿った
「学ぶ」「考える」「創作する」「遊ぶ」の
4つのカテゴリーで、英語力と思考力、
クリエイティビティ、協調性を育みます。

The activities in the four active learning categories of "learning", "thinking", "creating" and "playing" in this activity book, foster abilities in English language, thinking, creativity and collaboration through observation, word puzzles, chants, stickers, simple crafts and games.

★ 楽しいアクティビティが
子どもの英語力を伸ばします。

★ 考える力・想像する力が育ちます。

★ できたね！シール でやる気が続きます。

学習レベル ▶

Class   **Name**